AF502668

JURISDICTION

ET

JURISPRUDENCE

DE LA

CHAMBRE DES COMPTES,

OU

COLLECTION des Ordonnances, Edits, Déclarations, Lettres-Patentes, Arrêts & Réglemens, tant fur fa Jurisdiction, que fur chacune des matières de fa compétence:

CONCERNANT

1°. *Les droits honorifiques dus au Roi.*

2°. *Les enregiftremens de fes volontés.*

3°. *La manutention des finances dudit Seigneur Roi.*

A PARIS,

L. CELLOT & Fils, Imprimeurs de la Chambre des Comptes.

1787.

AVERTISSEMENT.

1°. On a fait imprimer d'avance cette Table des matières, qui annonce le plan de l'Ouvrage.

CE Plan préſente les différens objets de la Juriſdiction, & de la Juriſprudence de la Chambre ; & peut en donner une idée générale, pour Meſſieurs les Officiers qui entrent dans la Chambre.

Les chiffres qui ſont à la fin de chaque article, ſerviront à réunir toutes les connoiſſances que l'on a pu amaſſer, & que l'on pourra acquérir ſur chacun de ces objets.

Si l'on a des recueils de pieces ſur pluſieurs matières, il faut les timbrer de la cotte du Plan, chacun, l'un après l'autre. Alors, en réuniſſant tous les recueils qui auront la même cotte, on aura ſur chaque matière toutes les connoiſſances que l'on peut tirer de ces recueils.

Si l'on fait des extraits ou de ſimples notes, il faudra les cotter pareillement des chiffres du Plan, ſuivant leurs différens objets. Si l'on veut approfondir quelque matière, on trouvera réunies toutes les lumières qui étoient éparſes dans les recueils, dans les extraits & dans les notes.

Chacun faiſant ſes obſervations ou ſes recueils ſous les mêmes cottes, tous Meſſieurs ſeront en état de ſe communiquer ſur chaque matière, le fruit de leurs travaux.

Les mêmes cottes ſerviront auſſi à trouver ſur chaque matière, des extraits déjà faits ſur toutes les parties de ce Plan ; ce qui forme plus de cinquante mille bulletins. On y a extrait les dates & les objets des Ordonnances, indiqués dans la compilation chronologique, par Blanchard, en ce qui concerne la Chambre des Comptes. Les dates & objets des Ordonnances, Edits, Déclarations, Lettres-Patentes, contenus dans le recueil nommé Goſſet. On y a dépouillé les articles des principales Ordonnances de la comptabilité ; on y a inſéré les notes d'un Commis au Plumitif du ſiecle dernier, nommé Loffroy, qui avoit auſſi extrait pluſieurs parties intéreſſantes des anciens regiſtres de la Chambre, avant l'incendie de 1737. Ces bulletins contiennent enfin les extraits des 80 volumes in-folio des Plumitifs, depuis 1574, qui renferment les Arrêts rendus chaque jour par elle, ſur ces matières. Ces extraits ſont ſuffiſants pour faire des traités ſur tout ce qui intéreſſe la Juriſdiction de la Chambre, & qui concerne ſa Juriſprudence.

2°. On a joint une Table alphabétique, pour trouver plus facilement les cottes du Plan ſur chaque matière, pour les porter ſur les pieces, recueils, extraits & notes.

TABLE
DES MATIERES.

Préface dans laquelle on expose le deſſein & le plan de cet Ouvrage.   1

PREMIERE PARTIE.

Juriſdiction de la Chambre.   2

PREMIERE SECTION.

De la Chambre & de ſes Officiers.   3

CHAPITRE I.

De la Chambre en général.   4

CHAPITRE II.

Inſtitutions & Créations, Fonctions, Priviléges, Profits, réceptions d'Officiers de la Chambre, & Réglemens entre eux.   5

Art. I. En ce qui concerne la Chambre en général.   6

§. I. Inſtitutions & Créations.   7

§. II. Fonctions.   8

Cérémonies auxquelles la Chambre aſſiſte.   9

Le tems des ſéances & des vacances de la Chambre.   10

Le tems du ſervice lorſque la Chambre entre.   11

§. III. Priviléges.　　　　12
§. IV. Profits de fes différens Ordres.　　　　13
N°. 1. *Profits manuels.*　　　　14
Epices fur les comptes & intérêts d'icelles.　　　　15
(Epices fur les Requêtes préfentées en la
　　Chambre, *V.* Greffe, 435).
Remplages des Epices fur les Comptes.　　　　16
Récompenfes.　　　　17
Mortes paies.　　　　18
Stipes & nobis　　　　19
Bourfes communes.　　　　20
Droits d'entrée & de chevets.　　　　21
Tiers des amendes.　　　　22
Bourfes & jettons, à la préfentation & clôture
　　des comptes.　　　　23
Bougies aux clôtures, Jambons & Vin.　　　　24
Taxes, pour peines extraordinaires.　　　　25
N°. 2. *Profits annuels.*　　　　26
Gages　　　　27
Bourfes de la grande Chancellerie.　　　　28
Survivances.　　　　29
Gages des Secrétaires de la Chambre du Roi.　　　　30
Penfions ou gages du Confeil.　　　　31
Menues néceffités.　　　　32
Papier, Plumes, Ganivet.　　　　33
Cierge de la Chandeleur.　　　　34
Buvette.　　　　35
Bois.　　　　36
Sel.　　　　37
Droits d'Ecurie.　　　　38
Rentes . . . . fur le Greffe.　　　　39
N°. 3. *Droits éteints, commués en argent, pour
　　40 liv. 15 f. 6 den.*　　　　40
De Harangs.　　　　41
De Dragées.　　　　42
Des Rois.　　　　43
De Rofes.　　　　44

De

De Verres, Raisins. 45
De Bougies. 46
De Jettons de cuivre, un cent; & la Bourse. 47
D'Etuis, Ecritoires, Poinçons. 48
De Papier, une rame. 49
De peaux de Parchemin, une douzaine. 50
De Plumes, un quarteron. 51
De Cire d'Espagne, une once. 52
De Poinçons, trois. 53
De Racloirs, trois; de Canifs trois; Couteau. 54
De Lacets, deux douzaines. 55
Droits éteints par augmentation d'Epices. 56
Droit de Pied-fort, par augmentation d'Epi-
   ces, sur le compte des Monnoies. 57
No. 4. *Droits éteints sans récompense.* 58
De Toussaints. 59
De Champagne & de Logres. 60
Redevances en Bled. 61
De Robe, de Gants, de Chapeau & Manteaux. 62
De petits Rôles, & Reliages. 63
No. 5. *Droits d'exemptions éteints sans récompense.* 64
D'Entrées. 65
De Droits sur les Vins, dans les maisons de
   campagne. 66
De Contrôle. 67
De toutes impositions. 68
De droits Seigneuriaux dans la mouvance du
   Roi. 69
No. 6. *Exemptions qui subsistent.* 70
De Droit de Sceau aux Secrétaires du Roi. 71
D'Immatricules, pour le paiement des rentes
   sur la Ville. 72
De Quittances de parties casuelles. 73
De Joyeux avénement. 74
De Tailles, Subvention & Aydes. 75
De Franc-Fief. 76
De Péages. 77

B

6 *Iere Part. Iere Sect. Chap. II. N°. 7. Art. II.*

D'Epices au Greffe de la Chambre. 78

N°. 7. *Rentes dues par la Chambre.* 79

§. V. Réceptions d'Officiers en général. 80

§. VI. Réglemens entre les Ordres en général. 81

Art. II. Les Préfidens. 82

§. I. Inftitutions & créations. 83

§. II. Fonctions. 84

§. III. Priviléges particuliers. 85

§. IV. Profits. 86

§. V. Réceptions. 87

§. VI. Relations & Réglemens. 88

Avec les Confeillers-Maîtres. 89

Art. III. Les Confeillers-Maîtres. 90

§. I. Inftitutions & créations. 91

§. II. Fonctions. 92

§. III. Priviléges particuliers. 93

§. IV. Profits. 94

§. V. Réceptions. 95

§. VI. Relations & Réglemens. 96

Avec les Préfidens. 97

Avec les Confeillers-Correcteurs. 98

Avec les Confeillers-Auditeurs. 99

Avec le Procureur-Général. 100

Avec les Subftituts. 101

Avec les Tréforiers de France. 102

Art. IV. Les Confeillers-Correcteurs. 103

§. I. Inftitution & Créations. 104

§. II. Fonctions. 105

§. III. Priviléges particuliers. 106

§. IV. Profits. 107

§. V. Réceptions. 108

§. VI. Relations & Réglemens. 109

Avec les Préfidens & Confeillers-Maîtres. 110

Avec les Confeillers-Auditeurs. 111

Avec les Gens du Roi. 112

Avec les Greffiers. 113

Avec le Garde des Livres. 114

Avec les Huissiers.	115
Avec les Tréforiers de France.	116
Art. V. Les Conseillers Auditeurs.	117
§. I. Inftitutions & Créations.	118
§. II. Fonctions.	119
§. III. Priviléges particuliers.	120
§. IV. Profits.	121
§. V. Réceptions.	122
§. VI. Relations & Réglemens.	123
Avec les Préfidens & Conseillers-Maîtres.	124
Avec les Conseillers-Correcteurs.	125
Avec les Gens du Roi.	126
Avec les Greffiers.	127
Avec le Garde des Livres.	128
Avec les Huissiers.	129
Avec les Procureurs.	130
Avec les Conseillers au Châtelet.	131
Art. VI. Les Gens du Roi.	132
§. I. L'Avocat-Général.	133
§. II. Le Procureur-Général.	134
§. III. Les Subftituts.	135
§. IV. Le Clerc du Tréfor, depuis dit Contrôleur-Clerc du Tréfor en la Chambre des Comptes, faifant fous le Procureur-Général, les pourfuites du Domaine.	136
Art. VII. Les Greffiers.	138
§. I. Inftitutions & Créations.	139
§. II. Fonctions.	140
§. III. Priviléges particuliers.	141
§. IV. Profits.	142
§. V. Réceptions.	143
§. VI. Relations & Réglemens.	144
Avec les Conseillers-Correcteurs.	145
Avec les Conseillers-Auditeurs.	146
Avec les Gens du Roi.	147
Avec le Garde des Livres.	148
Avec le Contrôleur des Reftes.	149

Avec

Avec le Contrôleur-Général des Reſtes.   185
Entre eux.   186
Art. XI. Garde-Bonnets & Portiers.   187 1°.
   §. I. Notices ſur le Garde-Bonnets & Manteaux.   187 2°.
   §. II. Notices ſur les Portiers extérieur & intérieur.   188
Art. XII. Les Procureurs.   189
   §. I. Inſtitutions & Créations.   190
   §. II. Fonctions.   191
   §. III. Priviléges particuliers.   192
   §. IV. Profits.   193
   §. V. Réceptions.   194
   §. VI. Relations & Réglemens.   195
      Avec les Greffiers.   196
      Avec le Garde des Livres.   197
      Entre eux.   198
   §. VII. Clercs & Procureurs.   199
Art. XIII. Chancellerie près la Chambre.   200
Art. XIV. Tréforiers de France.   201
   §. I. Inſtitutions & Créations.   202
   §. II. Fonctions.   203
   § III. Priviléges particuliers.   204
   §. IV. Profits.   205
   §. V. Réceptions.   206
   §. VI. Relations & Réglemens.   207
      Avec les Conſeillers-Maîtres.   208
      Avec les Conſeillers-Correcteurs.   209
      Avec les Conſeillers-Auditeurs.   210
      Avec la Cour des Aides.   211
   §. VII. Leurs Huiſſiers.   212

SECONDE SECTION.

Relations de la Chambre avec les autres Cours,
   & avec le Gouvernement & l'Adminiſtration.   213

CHAPITRE I.

Relations de la Chambre avec les autres Cours,

& Anecdotes.   214
Art. I. Avec les Etats du Royaume.   215
Art. II Avec les Etats des Provinces.   216
Art. III. Avec le Clergé.   217
Art. IV. Avec le Parlement & Préféance.   218
Art. V. Avec les autres Chambres des Comptes.   219
Art. VI. Avec la Cour des Aides & Préféance.   220
Art. VII. Avec le grand Conseil.   221
Art. VIII. Avec les Conseils Supérieurs.   222
Art. IX. Avec la Cour des Monnoies.   223
Art. X. Avec les Chambres Royales de Justice.   224
Art. XI. Avec le Châtelet.   225
Art. XII. Avec la Prévôté de l'Hôtel.   226
Art. XIII. Avec les Eaux & Forêts.   227
Art. XIV. Avec la Jurisdiction consulaire.   228
Art. XV. Avec la Ville de Paris.   229
Art. XVI. Avec les Commissaires extraordinaires.   230

CHAPITRE II.

Relations avec le Gouvernement, & Anecdotes.   231
Art. I. Le Chancelier.   232
Art. II. Le Garde des Sceaux.   233
Art. III. Le Conseil du Roi.   234
Art. IV. le Contrôleur-Général des Finances.   235
Art. V. Intendans des Finances.   236
Art. VI. Secrétaires des Finances.   237
Art. VII. Secrétaires d'Etat.   238
Art. VIII. Intendans du Commerce.   239
Art. IX. Intendans des Provinces.   240
Art. X. Gouverneurs des Villes.   241

SECONDE PARTIE.

Jurisprudence de la Chambre.   242
Notions préliminaires.
Sur les Assemblées de la Chambre.   243
Art. I. Assemblées générales.   244
Art. II. De Semestres des Présidens & Conseillers-Maîtres.   245

Art. III.   De Bureaux.   246
Art. IV. Bureaux particuliers.   247
  N°. 1. Le grand Bureau.   248
  N°. 2. Le second Bureau.   249

PREMIERE SECTION.

Autorité de la Chambre, à l'égard des droits
    honorifiques dus au Roi.   250

CHAPITRE I.

Droit féodal à l'égard des devoirs des Vassaux,
    & droits par eux dus.   251

CHAPITRE II.

Forme des Actes féodaux; pourfuites pour iceux
    non faits, & droits non payés; pourfuites
    des paiemens d'amende en Normandie; fouf-
    france s'il y a lieu; exemptions momentanées
    pour le Clergé; dons de droits Seigneuriaux;
    dons des Gardes-Nobles.   252

CHAPITRE III.

Réception de foi & hommages. Serment de
    fidélité. Aveux & dénombremens. Déclara-
    tions du temporel.   253
Art. I. Enregiftrement des Lettres-Patentes, expédiées
    fur les fermens de fidélité, prêtés ès mains du
    Roi, & des hommages reçus par le Chance-
    lier, & attaches fur icelles.   254
  §. I. Enregiftrement des fermens de fidélité.   255
  §. II. Enregiftrement de foi & hommage reçus
    par le Roi ou par le Chancelier.   256
Art. II. Réceptions en la Chambre, de foi & hommages,
    aveux & dénombremens au grand Bureau.
    Déclarations du temporel, & attaches fur
    lefdits Actes. Conteftations fur icelles.   257
Art. III. Examen de foi & hommages. Aveux & dé-

nombremens envoyés par les Tréforiers de
France des Provinces , & admiffion defdits Actes dans les dépôts de la Chambre, ou
renvoi d'iceux pour être réformés.   258
Art. IV. Dépôt des Actes féodaux au dépôt des Fiefs   259

SECONDE SECTION.

Autorité de la Chambre à l'égard des enregiftremens des volontés de nos Rois, & notam-
ment à l'égard des graces honorifiques ou
utiles.   260

CHAPITRE I.

Droit public, à l'égard des enregiftremens des
Loix en général.   261

CHAPITRE II.

Droits particuliers à l'égard des enregiftremens.   262
Art. I. Volontés du Roi à l'égard du domaine, droits
& biens y réunis.   263
N°. 1. Sur les domaines réunis à la Couronne par
acquifitions ou conquêtes.   264
N°. 1.1. Lettres fur les Villes ou Provinces unies
à la Couronne.   265
N°. 1.2. Lettres fur déclarations de guerre & les
traités de paix,   266
N°. 2. Dons par contrats de mariages de la Famille
Royale, & autres traités de famille.   267
Teftamens des Rois.   268
N°. 3. Acquifitions ou échanges faits par le Roi,   269
Unions au Domaine,   270
Baux du domaine.   271
Baux à loyer ou à tems,   272
N°. 4. Lettres fur la mouvance des Vaffaux. Con-
teftations en la Chambre, fur ladite mouvance.   273
N°. 5. Confirmation de droits d'ufage, de chauf-
fage, de grurie, de pêche, de chaffe.   274
N°. 6.

N°. 6. Réglemens fur les droits domaniaux. Dires
des Infpecteurs des domaines. Commiffaires du
domaine. 275
N°. 7. Engagemens par ventes, dons &c., & révo-
cations d'içeux, même d'Offices de Juftice. 276
N°. 8. Remifes de droits dus au domaine. 277
Sur amortiffemens. 278
Exemptions de traites domaniales. 279
N°. 9. Ceffions de droits contentieux. 280
N°. 10. Ratifications de vente d'une terre de mou-
vance & autres fonds. 281
Pour ventes particulières, telles que coupes
de bois confidérables. 282
N°. 11. De dons d'ufufruit. 283
N°. 12. Lettres d'apanages des Princes, & douai-
res des Reines ; fupplémens & adminiftrations
des apanages. 284
D'Etabliffement de Chambre des Comptes
pour apanages. Douaires. 285
De ratification de contrats faits par les Prin-
ces apanagiftes, concernant la propriété
ou l'ufufruit de leur apanage à leurs décès. 286
Lettres des Princes apanagiftes pour nomi-
nation d'Offices. 287
Lettres de révocation de difpofition, l'apa-
nage étant fini. 288
Examen des opérations de l'apanagifte, &
compte de l'apanage, l'apanage étant
fini; & de même des domaines. 289
Art. II. Volontés de nos Rois, d'accorder graces hono-
rifiques ou utiles. 290
§. I. Lettres en faveur des perfonnes. 291
N°. 1. Regnicoles. 292
N°. 1.¹. Lettres de Nobleffe. Armoiries. 293
N°. 1.². Lettres de Bourgeoifie. 294
D'affranchiffement de fervitude. 295
D'Exemptions de charges publiques. 296

14   *IIe Part. IIe Sect. Chap. II. Art. II. §. II.*

N°. 1.3. Lettres de légitimation.   297

N°. 1.4. Lettres de permutation de noms.   298

N°. 1.5. Lettres de permission à un François, de
demeurer hors du Royaume.   299

    Lettres de permission, d'accepter dignité
dans les Royaumes étrangers.   300

N°. 1.6. Lettres de permission de se marier avant
la fin du deuil.   301

N°. 2. Lettres en faveur des Étrangers.   302

N°. 2.1. Lettres de naturalité, ou de déclaration
de naturalité.   303

N°. 2.2. De permission à étrangers de tenir béné-
fice ou d'acquérir des biens.   304

N°. 2.3. Lettres de permission à étrangers d'ap-
préhender succession.   305

§. II. Lettres sur les biens.   306

N°. 1. Lettres d'érections de terres en Dignités, Châ-
tellenies, Baronies, Marquisats, Comtés, Pai-
ries, Souverainetés, ou Confirmations, ou continuations desdites Dignités. Inféodation, union,
désunion de Fiefs, fixation de mouvance.   307

    Lettres de don de Justice & de nomination
aux Offices.   308

N°. 2. Lettres de confirmation d'institution d'héritiers.   309

N°. 3. Lettres de permission à Religieux de disposer
de leurs biens.   310

N°. 4. Lettres pour être mis hors de garde.   311

N°. 5. Lettres de priviléges ou gratifications, exemptions de droits en faveur de particuliers pour
commerce exclusif ou autres causes. Permission
de construire Forge ou Moulin sur riviere, creu-
ser des Mines.   312

N°. 6. Lettres sur le luxe.   313

§. III. Lettres de dons ou remises.   314

N°. 1. Brevets ou dons de pensions, ou autres choses
mobiliaires ou immobiliaires non encore réunies
à la Couronne.   315

N°. 2. Lettres de dons de Prélation. 316

N°. 3. Lettres de main-levée de fruits en régale. 317

N°. 4. Lettres de dons & aumônes aux communautés Religieuses, Eglises ou Hôpitaux. (*Voyez aussi* 342). 318

N°. 5. De gages intermédiaires, ou lettres de relief, de preftation de ferment. 319

N°. 6· De dons de finances, brevets de retenue fur les Offices. Permiffion d'emprunter de groffes fommes & d'y affecter les brevets de fervice. 320

N°. 7. De dons à femmes comptables fur les biens de leurs maris. 321

N°. 8. De dons faits par le Roi, pour s'acquitter envers des particuliers de fervices, &c. 322

N°. 9. De décharges d'amendes en faveur de particuliers. 323

N°. 10. D'état ou de furféance. 324

N°. 11. Lettres d'abolition. 325

Art. III. Volontés de nos Rois qui concernent la religion, ou les communautés Eccléfiaftiques ou Laïques, Etats des Provinces & autres. 326

§. I. Lettres fur la jurifdiction Eccléfiaftique, & fur les Religionnaires. 327

§. II. Lettres fur les communautés Eccléfiaftiques & Laïques. 328

N°. 1. Leur exiftence légale. 329

N°. 1.¹. Etabliffemens, conftructions de Bourgs ou Villes, Erections d'Evêchés. Etabliffemens de Paroiffes, Séminaires, Colléges, Hôpitaux. 330

N°. 1.². Confirmations, unions, tranflations, fuppreffions de communautés Eccléfiaftiques ou Laïques. 331

N°. 2. Lettres fur les priviléges des communautés Eccléfiaftiques ou Laïques. 332

N°. 2.¹. D'exemptions de droits en faveur des communautés Eccléfiaftiques ou Laïques, d'impôts, tailles ou autres. 333

N°. 2.². D'Etabliſſemens de Foires ou Marchés dans les Villes, Etabliſſemens d'Académies, Colléges, Uſages, Statuts, Maîtrifes; de péages ſur Ponts, Canaux, Voitures.   334

N°. 3. Adminiſtration de leurs biens.   335

N°. 3.¹. Adminiſtration en général.   336

N°. 3.². Lettres portant permiſſion d'acquérir & de recevoir ou ratification d'acquifitions, échanges, rachats de biens Eccléfiaftiques ou fabriques, réunion d'Offices aux Villes.   337

Lettres d'amortiſſement de biens acquis par les communautés.   338

N°. 3.³. Lettres portant permiſſion de bâtir, ou de faire de grandes réparations.   339

N°. 3.⁴. Lettres de permiſſion d'emprunter pour acquittement de dettes plus onéreuſes, ou d'impôts, tels que dons gratuits à elles demandés.   340

N°. 3.⁵. Lettres pour aliénations.   341

N°. 3.⁶. Lettres de conceſſions d'octrois, continuations, confirmations.   342

N°. 3.⁷. Lettres pour rembourſemens ou rachats de rentes dues aux Eccléfiaftiques ou gens de main-morte.   343

N°. 4. Lettres ſur les limites des Provinces.   344

Art. IV. Volontés de nos Rois introductives ou deſtructives d'objets de finances, ou qui en réglent l'adminiſtration.   345

§. I. Lettres ſur les variations des monnoies.   346

§. II. Lettres ou Edits ſur les impôts.   347

N°. 1. Leurs créations ou ſuppreſſions.   348

N°. 1.¹. Créations.   349

N°. 1.². Perceptions.   350

N°. 1.³. Commutations de droits.   351

N°. 1.⁴. Révocations.   352

N°. 1.⁵. Validations de levées d'impôts ou autres recettes.   353

N°. 1.⁶. Dons gratuits du Clergé.   354

N°. 2. Traitans.　355
　N°. 2.¹. Contrats avec les traitans.　356
　N°. 2.². Aliénations d'impôts.　357
　N°. 2.³. Baux, lettres pour les confirmer.　358
　No. 2.⁴. Lettres de rabais ou indemnités en fa-
　veur des Fermiers ou entrepreneurs, déchar-
　ges de leurs baux, ou adjudications.　359
N°. 3. Lettres des régies d'impôts.　360
N°. 4. Lettres sur les paiemens d'impôts.　361
　N°. 4.¹. Lettres d'abonnemens sur la taxe des
　impôts.　362
　N°. 4.². Lettres de remises ou d'exemptions de
　tailles, ou autres impositions pour Villes.　363
　　Confirmation d'affranchissement.　364
　　Moyennant finance.　365
N°. 5. Lettres sur les dettes de l'état.　366
　N°. 5.¹. Constitution de rentes pour argent prê-
　té, ou pour droits cédés, ou indemnités de
　terres réunies au domaine.　367
　N°. 5.². Paiemens des dettes de l'état, ou rem-
　placemens par assignations sur recettes, ou
　assignations pour avances faites par les comp-
　tables, ou autres commutations d'assigna-
　tions de rentes, gages ou pensions. Réassigna-
　tions, conversions de rentes.　368
　　Paiemens sans s'arrêter à des vices de for-
　malités.　369
　N°. 5.³. Suspensions de paiemens.　370
　N°. 5.⁴. Réductions de rentes.　371
　N°. 5.⁵. Remboursemens de rentes.　372
　N°. 5.⁶. Lettres de paiemens des dettes de nos
　Rois avant leur avenement à la Couronne.　373
N°. 6. Réglemens pour la comptabilité.　374
　N°. 6.¹. Pour emplois dans les Comptes. *V.* 530.　375
　N°. 6.². Lettres qui reglent les formes de comp-
　ter. *Voyez sur chaque comptabilité, & 425.*　376
Art. V. Volontés de nos Rois sur les Offices.　377

E

§. I. Lettres fur l'exiftence légale des comptables.   378
   N°. 1. Créations.   379
   N°. 2. Confirmations.   380
   N°. 3. Commutations.   381
   N°. 4. Unions, ou défunions.   382
   N°. 5. Adjudications & reventes.   383
   N°. 6. de Suppreffions.   384
   N°. 7. de Rétabliffemens.   385
   N°. 8. de Suppreffions & Recréations.   386
§. II. Lettres de gages, taxations & droits attribués auxdits offices.   387
   N°. 1. Attributions de gages, augmentations, réductions, fuppreffions, rembourfemens.   388
   N°. 2. Menues néceffités, taxations, droits de quittances, taxes feches.   389
   N°. 3. Affignations de paiemens de gages.   390
   N°. 4. Lettres d'intermédiat pour toucher les gages de l'Officier précédent.   391
   N°. 5. Lettres pour toucher gages fans avoir prêté ferment, ou lettres de relief de preftation de ferment.   392
§. III. Lettres fur les finances des Offices.   393
   N°. 1. Fixations. *Voyez édit de création.*   394
   N°. 2. Augmentations de finances.   395
   N°. 3. Enregiftrement de quittances de finances.   396
   N°. 4. Lettres de permiffion de difpofer de la charge d'un Officier, qui décéderoit dans les 40 jours de fa réfignation fans perdre fa finance.   397
   Lettres de permiffion de réfigner.   398
    De ratification de vente d'Office.   399
    De furvivances, ou d'expectatives de charges.   400
    Pour rendre Offices héréditaires.   401
   N°. 5. Lettres de rembourfemens d'Offices ou de profits d'iceux.   402
§. IV. Officiers pourvus defdits Offices.   403

N°. 1. Lettres de provisions. 404
  De dispense d'enregistrement. 405
  De serment. 406
N°. 2. Lettres de dispense d'age. 407
  De parenté & d'alliance. 408
  De donner caution. 409
  D'avoir compté d'un Office dont le
   pourvu étoit titulaire. 410
  D'incompatibilité. 411
  De service. 412
N°. 3. Lettres de retenue de service nonobstant
 la résignation. 413
  D'exercice concurrent avec le précédent
   ou le nouveau titulaire. 414
  Lettres pour un pere, à l'effet de rentrer
   dans l'exercice de l'Office qu'il avoit
   résigné à son fils qui est mort dans l'exer-
   cice dudit Office. 415
N°. 4. Lettres pour Officiers par commissions. 416
N°. 5. Lettres de rétablissement d'un Officier dans
 ses fonctions. 417
N°. 6. Lettres sur les contrôleurs des comptables. 418
  Lettres de provision ou de suppression de
   ces Offices. 419
  Lettres de dispense de tenir les Offices de
   contrôleurs, & être au service d'un
   Prince. 420
  Lettres de pouvoir commettre pour faire
   l'exercice. 421
N°. 7. Lettres d'honoraires & de vétérance. 422
  Lettres de conservation de priviléges. 423
Art. VI. Volontés de nos Rois sur la comptabilité. 424
§. I. Lettres sur la forme de compter. 425
§. II. Lettres de validation de recettes faites sans au-
 torisation. 426
§. III. Lettres sur les délais de compter. 427
§. IV. Lettres de décharges, modérations, remises

20   *IIe Part. IIe Sect. Chap. II. Art. VII.*

d'intérêts, d'amendes, de formalités, de cautions, de rétabliſſemens de parties & décharges d'hypotheques, compenſation.   428

§. V. Lettres de décharge de compter ou de corriger.   429

§. VI. Lettres de pardon, d'abolition.   430

Art. VII. Volontés de nos Rois ſur les actes publics.   431

N°. 1. En langue françoiſe.   432

N°. 2. Changement des dates au commencement de l'année 1564.   433

N°. 3. Timbres, contrôles.   434

Art. VIII. Dépôt du Greffe, épices ſur les requêtes, &c.   435

TROISIEME SECTION.

Autorité de la Chambre à l'égard des finances.   436

Notions préliminaires ſur les finances en général.   437

Les finances naiſſent des droits attachés à la ſouveraineté, des droits du domaine, ou des impôts.

Elles ſont employées à payer les dépenſes de la Perſonne du Roi & de la famille Royale; les dépenſes de la guerre, tant ſur mer que ſur terre; des ouvrages royaux & publics; de la ſureté publique; les gages des Officiers; les rentes créées pour emprunts faits par le Roi; & à amortir les dettes de l'état tant anciennes que nouvelles.

CHAPITRE I,

Réglemens généraux ſur la comptabilité.   438

Ils regardent ou les comptables, ou les juges qui les ſurveillent, ou les formes de compter.

Art. I. Réglemens généraux ſur les comptables.   439

§. I.

§. I. Sur leurs perſonnes.   440
Nº. 1. Ne doivent être étrangers.   441
Nº. 2. Ne doivent être marchands.   442
    Peuvent cependant prendre intérêt dans les
    compagnies de commerce.   443
Nº. 3. Ne peuvent prendre les fermes des parti-
    culiers.   444
Nº. 4. Ne peuvent être nommés par des enga-
    giſtes.   445
Nº. 5. Doivent garder le ſecret des finances.   446
Nº. 6. Loix ſomptuaires contre les comptables.   447
§. II. Leurs fonctions.   448
Nº. 1. Pour les recettes.   449
    Nº. 1.1. Contraintes contre les ſujets du Roi.   450
    Nº. 1.2. Huiſſiers par eux employés.   451
    Nº. 1.3. La Chambre réprouve les récépiſſés,
        autoriſe la converſion des récépiſſés en quit-
        tances comptables des ſucceſſeurs.   452
    Nº. 1.4. Deniers de leurs recettes, n'en changer
        les eſpeces.   453
    Nº. 1.5. Ne donner quittances de plus grandes
        ſommes que celles qu'ils reçoivent.   454
Nº. 2. Pour les paiemens.   455
    Nº. 2.1. Ne doivent différer de payer les man-
        demens du tréſorier de l'épargne.   456
    Nº. 2.2. Quittances en blanc prohibées.   457
    Nº. 2.3. Ne rien retenir ſur leurs paiemens, ni
        donner contre-lettres.   458
        Ne recevoir quittances ſur ſimples promeſſes
        de payer.   459
Nº. 3. Leurs regiſtres.   460
        Doivent tenir regiſtres exacts de leurs recet-
        tes & de leurs dépenſes.   461
Nº. 4. Leurs profits.   462
    Nº. 4.1. Quittances comptables.   463
    Nº. 4.2. Ne prendront gages d'aucuns Seigneurs.   464
    Nº. 4.3. N'acheter des biens dans l'étendue de

leur comptabilité, & autres pareilles défenses. 465
N°. 4.4. Taxes pour commissions extraordi-
naires. 466
N°. 5. Leurs comptes. 467
 N°. 5.1. Tems de compter. 468
 N°. 5.2. Responsables de leurs gestions. 469
 N°. 5.3. Faire recettes entieres sauf reprises. 470
 N°. 5.4. Amendes faute de compter. 471
N°. 6. Finances de leurs Offices, & leurs autres
biens. 472
 N°. 6.1. Permission de résigner. 473
 N°. 6.2. Ventes de leurs Offices. 474
 N°. 6.3. Leurs biens sont tenus des débets de
 leurs prédécesseurs. 475
 N°. 6.4. Leurs biens sont tenus de leurs comptes
 après eux, & ils doivent être rendus par leurs
 veuves ou enfants, ou curateur à succession
 vacante. 476
N°. 7. Leurs délits. 477
 N°. 7.1. Défenses de jouer les deniers de leurs
 recettes. 478
 N°. 7.2. Défenses de prêter les deniers de leurs
 gestions. 479
 N°. 7.3. Trésoriers exempts des recherches des
 Chambres de justice. 480
§. III. Commis des comptables. 481
 N°. 1. Ne doivent donner quittances en leur noms. 482
 N°. 2. Comptables sont tenus des fautes de leurs
 commis. 483
§. IV. Contrôleurs des comptables. 484
Art. II. Réglemens pour la vigilance des juges sur les
comptables. 485
§. I. Réglemens particuliers à l'égard de l'exiftence
légale des comptables. 486
 N°. 1. Réceptions des titulaires. 487
 N°. 2. Réceptions des commis au maniement, &
 commissions au maniement données par la
 Chambre. 488

N°. 3. Leurs fermens lors de leurs réceptions. 489
N°. 4. Leurs cautions. 490
N°. 5. Leurs élections de domicile. 491
N°. 6. Leurs résidences. 492
N°. 7. La Chambre informe contre ceux qui exercent sans commission regiſtrée. 493
N°. 8. La Chambre fait compter ceux qui ont exercé sans commissions regiſtrées. 494
§. II. Réglemens pour la vigilance des juges sur l'exercice, geſtion ou maniement des comptables. 495
N°. 1. Vigilance des juges pour l'intérêt du Roi. 496
   N°. 1.¹. La Chambre ne souffre quittance sur ſimple promeſſe de payer. 497
   N°. 1.². La Chambre, pour la sûreté du Roi, fait quelquefois défenſes de payer les parties prenantes. 498
N°. 2. Vigilance des juges pour l'intérêt des ſujets du Roi. 499
   N°. 2.¹. La chambre arrêtoit la perception des impôts, quand les fonds perçus étoient ſuffiſans pour leur deſtination. 500
   N°. 2.². La Chambre ſuſpend les pourſuites des comptables. 501
   N°. 2.³. Elle fait payer les parties prenantes. 502
   N°. 2.⁴. Elle empêche de porter au tréſor royal les fonds des parties prenantes ſans ordre. 503
   N°. 2.⁵. Elle rend juſtice aux parties, contre les malverſations des comptables. 504
N°. 3. Vigilance des juges ſur la conduite des comptables. 505
   N°. 3.¹. Officiers mandés. 506
   N°. 3.². Interrogatoires ſur recettes & dépenſes, repréſentations de regiſtres, reconnoiſſances de quittances. 507
   N°. 3.³. Etats ſommaires demandés aux comptables ſuſpects. 508

N°. 3.4. La Chambre viſite les caiſſes des comptables ſuſpects. 509

N°. 3.5. La Chambre fait compter leurs commis. 510

N°. 3.6. La Chambre informe contre leurs malverſations & abus. 511

N°. 3.7. La Chambre enjoint aux comptables de ſe conformer aux réglemens. 512

N°. 4. La Chambre protege les comptables. 513

N°. 4.1. La Chambre les fait payer par ceux qui doivent deniers royaux; elle contraint de leur remettre les acquits & pieces néceſſaires à leurs comptes. 514

N°. 4.2. La Chambre juge des ſaiſies entre leurs mains. 515

N°. 4.3. La Chambre leur accorde des défenſes. 516

N°. 4.4. Elle vient quelquefois à leur ſecours dans le cas de pieces de formalités adhirées. 517

N°. 4.5. La Chambre fait rembourſer aux comptables, les ſommes qu'ils ont été obligés de payer indûment. 518

N°. 4.6. Elle juge d'affaires entre les comptables à elle renvoyées par attribution. 519

N°. 4.7. La Chambre même, ſans attribution, régle les intérêts des comptables entre eux, leurs réſignans, réſignataires, & leurs commis. 520

N°. 5. Suſpenſion, privation, punition des comptables. 521

N°. 5.1. Procédures civiles contre eux. 522

N°. 5.2. Reconnoiſſances de quittances par les comptables mandés. 523

N°. 5.3. La Chambre ordonne des contraintes par corps; appoſitions de ſcellés; garniſons d'Huiſſiers; ſaiſies de meubles, de papiers, de regiſtres, d'immeubles; ventes de meubles, &c.; pour forcer de compter ou de payer. 524

N°. 5.4.

N°. 5.⁴. La Chambre ne mettoit les comptables en état de continuer leurs geftions qu'après la clôrure des comptes précédents.   525¹⁰.

N°. 5.⁵. La Chambre ferme la main des comptables négligens, commet en leurs places, & rouvre leurs mains quand les caufes font ceffées.   525²⁰.

N°. 5.⁶. Prononce des amendes contre eux faute de compter ; elle les décharge s'il y a lieu. *Voyez 534.*   526

§. III. Rég-emens généraux pour les comptes.   527

N°. 1. Etats du Roi.   528

N°. 2. Etats au vrai.   529.

N°. 3. Emplois de parties en recettes & en dépenfes.   530

N°. 4. Acquits & quittances.   531

N°. 5. Formes des bordereaux.   532

N°. 6. Forme des comptes.   533

N°. 7. Leurs préfentations. (Cet article comprend auffi les décharges de compter accordées par la Chambre, lorfqu'il n'y a pas lieu de faire préfenter des comptes par ceux à qui ils avoient été demandés.) *Voyez 526.*   534

N°. 8. Leurs diftributions.   535

N°. 9. Leurs remifes au rapporteur.   536

N°. 10. Leurs rédiftributions.   537

CHAPITRE II.

Par qui les comptes font jugés.   538

Art. I. Etats au vrai arrêtés par le Roi ou au Confeil, ou par les tréforiers de France.   539

§. I. Etats au vrai arrêtés par le Roi.   540

§. II.   Au Confeil.   541

§. III.   Aux bureaux des finances par les tréforiers de France.   542

§. IV. Etats arrêtés par les Intendans des grandes comptabilités.   543

Art. II. Par qui les comptes font jugés en la Chambre,

& concours des Officiers subalternes. 544
§. I. Fonctions des Présidens. 545
§. II.   Des Conseillers-Maîtres. 546
§. III.   Correcteurs. 547
§. IV.   Auditeurs. 548
§. V.   Des Gens du Roi. 549
§. VI.   Des Greffiers. 550
§. VII.   Des Huissiers. 551
§. VIII.   Des Procureurs. 552

CHAPITRE III.

De la reddition des comptes en la Chambre. 553
Art. I. Comptes des recettes pour le Roi. 554
§. I. Comptes des droits attachés à la souveraineté. 555
N°. 1. Comptes du marc d'or. 556
Notices sur les émolumens du sceau ; les comptes en étoient anciennement rendus en la Chambre. 557
N°. 2. Comptes des parties casuelles, tant ordinaires qu'extraordinaires & des deniers provenans des créations d'Offices ou d'augmentation d'iceux, (des Maîtrises d'arts & métiers, Offices & droits, qui ont été réunis aux parties casuelles). 558
N°. 3. Compte du prêt & annuel, & du centieme denier établi par édit de Février 1771 , regisré le 22 Juin suivant. 559
N°. 4. Comptes des Monnoies. 560
N°. 5.   De la ferme des Postes. 561
Elle a été quelquefois en Régie. 562
Notices sur l'établissement de la petite poste. 563
N°. 6. Comptes anciennement rendus à la Chambre des droits attachés à la Souveraineté. 564
N°. 6.¹. Comptes des profits des bénéfices, dits, comptes de régale. 565
N°. 6.². Comptes des droits de confirmation, dus à l'occasion du joyeux avénement du

IIe Part. IIIe Sect. Chap. III. Art. I.   27
Roi à la Couronne.   566
N°. 6.³. Comptes des amendes prononcées ès Chambres de juſtice de Paris & de Flandre.   567
N°. 6. . Comptes des taxes prononcées par les Chambres de juſtice.   568
§. II. Comptes des droits domaniaux.   569
N°. 1. Comptes des domaines & bois.   570
N°. 1.¹. Comptes de la régie des domaines & bois, qui ſont dans les généralités du reſſort de la Chambre.   571
N°. 1.². Comptes des domaines actuellement en apanage.   572
N°. 1.².¹. Comptes des domaines & bois d'Alençon & du Perche.   573
Comptes de la forêt de Senouche & province du Thimerais.   574
N°. 1.².². Comptes du domaine d'Anjou.   575
N°. 1.².³. Comptes des domaines & bois de Valois.   576
N°. 1.².⁴.   De Vendôme.   577
N°. 1.³. Anciens comptes des domaines, ou Domaines dont les Receveurs-généraux des domaines comptoient en détail chacun dans leurs généralités, avant qu'ils fuſſent ou en apanage ou en régie. Amiens, Auch, Bourges, Bordeaux, Châlons, Flandres, Hainault, la Rochelle, Limoges, Lyon, & dixiemes deſdits domaines; Meudon, ſans dixieme, Montauban, Moulins & dixieme, de Normandie pendant la ſuppreſſion de la Chambre des comptes de cette province. Orléans, ſans dixieme; Paris, Poitiers, Riom, Soiſſons, Tours & dixiemes; Verſailles & Marly ſans dixiemes.   578

Ils ont tous été ſupprimés par édit d'Août 1777, regiſtré le 26 du même mois, & les domaines ont été mis en régie : mais les régiſ-

feurs defdits domaines comptent féparément de chacun defdits domaines en plufieurs comptes. Ils comptent auffi des droits réunis au domaine. 579

N°. 2. Il y a eu quelques comptes des ventes du domaine. 580

N°. 3. Notices fur les terriers. 581

§. III. Comptes des impôts levés par des Officiers Royaux. 582

N°. 1. Recettes générales des finances, capitations & dixiemes biens fonds. 583

　　Nota. Par édit d'Avril 1780, les quarante huit Offices de receveurs généraux des finances furent fupprimés, avec création de douze Receveurs généraux feulement. Par édit d'Octobre 1781, les douze Receveurs généraux furent fupprimés, & les quarante-huit Offices furent rétablis; & l'édit a été regiftré le 16 du même mois.

N°. 1.1. Recettes générales des finances, qui contiennent les recettes particulieres des finances de leurs généralités. 584

N°. 1.1.1. Amiens, qui contient les recettes particulieres des finances d'Amiens, de Doullens, Mont-didier, Péronne, Ponthieu, Saint-Quentin. 585

N°. 1.1.2. Auch, qui contient les recettes particulieres d'Auch, Aftarac, Comminges, les Lannes, Lomagne, Riviere-Verdun. 586

N°. 1.1.3. Bordeaux qui contient auffi les recettes particulieres de Bordeaux, Agen, Condom, Périgueux, Sarlat. 587

N°. 1.1.4. Bourges qui contient auffi les recettes particulieres de Bourges, Blanc en Berry, Châteauroux, Iffoudun, la Charité, la Châtre, Saint-Amand. 588

　　　　　　　　N°. 1.1.5.

N°. 1.1.⁵. Châlons, qui contient aussi les recettes particulieres des finances de Châlons, Bar sur-Aube, Chaumont, Eper-
nay, Joinville, Langres, Rhetel, Reims,
Sainte-Menehould, Sézanne, Troyes,
Vitry.   589

N°. 1.1.⁶. Flandres &⎫ Flandres & Hainault
Artois.   ⎬ n'ont qu'un seul re-   590
N°. 1.1.⁷. Hainault &⎭ ceveur-général des
Cambresis.   finances.   591

Il y avoit un compte d'imposition
Boulonoise, qui est réuni à la recette
générale des finances d'Amiens.

N°. 1.1.⁸. La Rochelle qui comprend aussi les
recettes particulieres des finances de la
Rochelle, Saint - Jean d'Angely &
Xaintes.   592

N°. 1.1.⁹. Limoges, qui comprend aussi les
recettes particulieres des finances de
Limoges, Angoulême, Bourganeuf,
Brives, Tulles.   593

N°. 1.1.¹⁰. Lyon, qui comprend les recettes
particulieres de Lyon, Montbrison,
Saint-Etienne, Villefranche en Beau-
jolois.   594

N°. 1.1.¹¹. Montauban, qui comprend les recettes particulieres des finances de Montauban, Cahors, Figeac, Milhault,
Rhodes, Villefranche en Rouergue.   595

N°. 1.1.¹². Moulins, qui comprend les recettes particulieres de Moulins, Château-
chinon, Evaux en Combraille, Gannat,
Montluçon & Nevers.   596

N°. 1.1.¹³. Orléans, qui comprend les recet-
tes particulieres d'Orléans, Beaugency,
Blois, Chartres, Châteaudun, Clamecy,
Dourdan, Gien, Montargis, Petiviers,

H

Romorantin, Vendôme.   597

N°. 1.1.14. Paris, qui comprend les recettes
    particulieres de Paris, Beauvais, Cou-
    lommiers, Compiegne, Dreux, Etam-
    pes, Joigny, Mantes, Melun, Mont-
    fort, Montreau, Nemours, Nogent,
    Pontoife, Provins, Rozoy, Saint-Flo-
    rentin, Senlis, Sens, Tonnerre, Vezelay.   598

N°. 1.1.15. Poitiers, qui comprend les recet-
    tes particulieres, de Poitiers, Chatelle-
    rault, Confolens, Fontenai le Comte,
    Mauleon, Niort, Sables d'Olonne,
    Saint-Maixent, Thouars.   599

N°. 1.1.16. Riom, qui comprend les recettes
    particulieres de Riom, Aurillac, Briou-
    de, Clermont en Auvergne, Iffoire,
    Roanne, Saint-Flour.   600

N°. 1.1.17. Soiffons, qui comprend les recet-
    tes particulieres de Soiffons, Château-
    Thierry, Clermont en Beauvoifis, Cref-
    py, Guife, Laon, Noyon.   601

N°. 1.1.18. Tours, qui comprend les recettes
    particulieres de Tours, Amboife, An-
    gers, Baugé, Château du loir, Château-
    gontier, Chinon, la Fleche, Laval, le
    Mans, Loches, Loudun, Mayenne,
    Montreuil-Bellay, Richelieu, Saumur.   602

N°. 1.2. Comptes des capitations dans chacune
    de ces généralités, qui contiennent auffi
    les capitations des recettes particulieres
    des finances de leurs généralités.   603

N°. 1.3. Comptes des dixiemes, vingtiemes, cin-
    quantiemes, deux fols pour livres des biens
    fonds dans chacune de ces généralités, qui
    contiennent auffi les vingtiemes des biens-
    fonds des recettes particulieres des finan-
    ces de leurs généralités.   604

N°. 2. Comptes particuliers des capitations &
dixiemes. 605

N°. 2.¹. Comptes de la capitation de la Ville
de Paris. 606

Nota. En Mars 1784, édit de création de
deux Receveurs-généraux des finances de la
Ville de Paris, & nouveau régime pour les
six Receveurs particuliers des impositions de
la Ville de Paris. En Juillet 1785, édit de suppression des six Offices de Receveurs particuliers des impositions de la Ville de Paris.
Ils ont été rétablis par édit de Février 1786.

N°. 2.². Les dixiemes, vingtiemes, cinquan-
tiemes de la Ville de Paris, par les mêmes
que la recette de la capitation. 607

N°. 3. Anciens comptes des impositions levées
par Officiers royaux. 608

N°. 3.¹. Il y avoit cent trente-cinq comptes des
tailles, qui aujourd'hui font parties des comptes des Receveurs-généraux, ainsi que nous
l'avons annoncé sur chaque recette générale. 609

Nota. Ces Officiers autrefois appellés Receveurs des tailles, ensuite Receveurs des
impositions, comptoient directement en la
Chambre; mais depuis l'édit de Janvier 1782,
ils ont été nommés Receveurs particuliers
des finances, & comptent aux Receveurs-généraux des finances, qui comptent pour eux
en la Chambre; cet édit qui ne fut pas en-
voyé à la Chambre lui fut dénoncé; elle fit
des remontrances, le Roi persista. Enfin le
premier Juillet 1785, la Chambre le regis-
tra, à l'exception des articles XIII & XIV,
qui transportoient à la cour des Aides l'autorité en matiere criminelle contre ces comptables, & à la charge qu'ils prêteroient ferment en la Chambre en la maniere accou-
tumée.

N°. 3.². Comptes de capitation de l'élection ; la capitation de ces Officiers est retenue sur les gages, qui leur sont payés par les Receveurs-généraux des finances de Paris.   610

N°. 3.³. Comptes de la capitation de la table de marbre, réunis au compte du domaine.   611

N°. 3.⁴. Comptes de la capitation du grenier à sel, réunis aux fermes-gabelles.   612

N°. 3.⁵. Notices sur la capitation de la Cour.   613

N°. 3.⁶. Comptes des retenues, dixiemes vingtiemes, deux sols pour livre des charges acquittées par les Receveurs-généraux, sur les gages.

Nota. Ces comptes ont cessé, parce qu'on ne fait plus emploi dans les états du Roi, des gages, &c. ; que déduction faite desdits. dixiemes, &c.   614

§. IV. Comptes des impôts levés par des traitans, fermiers régisseurs.   615

N°. 1. Régie générale des aides, & droits y réunis.   616

N°. 2. Régie des droits réservés.   617

N°. 3. Régie des droits rétablis.   618

N°. 4. Régie des droits réunis.   619

N°. 5. Ferme des marchés de Seaux & de Poissy.   620

N°. 6. Comptes des maîtrises d'arts & métiers.   621

Nota. Edit de suppression des communautés d'arts & métiers du ressort du Parlement de Paris, par édit d'Avril 1777, regiftré le 9 Août fuivant. — 24 Avril 1778 lettres-patentes, regiftrées le 10 Juillet fuivant ; les deniers provenans des corps & communautés defdits arts & métiers, feront perçus par le tréforier de la Police, qui a été réuni à la tréforerie des dépenfes diverfes. Il a depuis été réuni aux parties cafuelles qui en tiennent un compte particulier.

N°. 7. Régie générale des hypotheques.   622

N°. 8.

Nº. 8. Anciens comptes d'impôts levés par des Traitants, Fermiers, Régisseurs.   623

Nº. 8.¹. Comptes des *Aides.*   624

Nº. 8.². *D'amortissemens* de biens Ecclésiastiques.   625

Nº. 8.³. Des *Armoiries.*   626

Nº. 8.⁴. Du *Ban* & arriere Ban.   627

Nº. 8.⁵. Des droits sur la *Bierre.*   628

Nº. 8.⁶. De l'achat des *Bleds* pour la subsistance de la Ville de Paris.   629

Nº. 8.⁷. Des quatorze deniers pour livre des ventes des *Bois* tant du Roi que des communautés Ecclésiastiques.   630

Nº. 8.⁸. Des droits sur les *Bois* à brûler.   631

Nº. 8.⁹. Sur les *Bois* & Charbon.   632

Nº. 8.¹⁰. De la comptablie de *Bordeaux.*   633

Nº. 8.¹¹. Des droits sur les *Cartes* & Cuivres.   634

Nº. 8.¹². Sur les *Casuels.*   635

Nº. 8.¹³. De la recette du *Commerce* à Paris.   636

Nº. 8.¹⁴. Des appointemens de tous les *Commis* du royaume.   637

Nº. 8.¹⁵. Des droits de *Confiscations.*   638

Nº. 8.¹⁶. De *Consignations.*   639

Nº. 8.¹⁷. De la ferme du *Contrôle* des bancs de mariages.   640

Nº. 8.¹⁸. De la ferme du *Contrôle* des actes & des exploits.   641

Nº. 8.¹⁹. Des droits sur les *Cuirs.*   642

Nº. 8.²⁰. Des droits *domaniaux.*   643

Nº. 8.²¹. Des deniers *extraordinaires.*   644

Nº. 8.²². Des *Fermes* générales.   645

N°. 8.23.   Des droits de l'exemption des *francs Taupins.*   646
N°. 8.24.   Des recettes de *Fouages.*   647
N°. 8.25.   Des fermes des *Gabelles.*   648
N°. 8.26.   Des *Greffes* des *Infinuations* Ecclésiastiques, Royaux & Séculiers.   649
N°. 8.27.   Des *Maîtrifes* d'Arts & Métiers réunis aux parties cafuelles.   650
N°. 8.28.   De la ferme de la *marque* d'Argent.   651
N°. 8.29.   De la ferme de la *marque* des Fers, Etains.   652
N°. 8.30.   De la ferme des *mortes - paies* de Normandie, Guyenne, Champagne, &c.   653
N°. 8.31.   Des dîmes des *Offices* & droits.   654
N . 8.32.   Des droits fur les *Papiers* & *Parchemins.*   655
N°. 8.33.   Des petites fermes *particulieres.*   656
N°. 8.34.   Des droits de *péage.*   657
N°. 8.35.   Des droits fur le *Plâtre.*   658
N°. 8.36.   De la ferme du Duché de Savoye.   659
N°. 8.37.   De la régie des 4 *fols* pour livre, en 1747.   660
N°. 8.38.   De la ferme des droits fur les *Suifs.*   661
N°. 8.39.   De la ferme du *Tabac.*   662
N°. 8.40.   De la ferme des *tailles* de   663
N°. 8.41.   Des douanes & *traites* foraines.   664
N°. 8.42.   Des droits fur les privilégiés marchands de *Vin.*   665
Art. II. Comptes des dépenfes pour le Roi.   666
§. I. Compte des dépenfes pour la Perfonne du Roi & la Famille Royale.   667

Nᵒ. 1. Comptes de dépenfes de la maifon du Roi. 668

    Nota. Cette comptabilité a été créée par édit de Juillet 1779, regiftré le 17 du même mois, fous le titre de Tréforier Payeur-général des dépenfes de la maifon du Roi & de la Reine; mais, comme on va le voir, le Tréforier de la maifon de la Reine a été rétabli, & ce compte ne regarde plus que la maifon du Roi, Chambre aux deniers, Argenterie, Ecurie, Venerie.

Nᵒ. 2. Comptes des offrandes & aumônes. 669

    Nota. Cette comptabilité a été fupprimée par édit de Juillet 1779, regiftré le 17 du même mois; mais elle a été rétablie par édit de Mai 1784, regiftré le 20 Juillet fuivant.

Nᵒ. 3. Comptes de la maifon de la Reine. 670

    Nota. Ce compte avoit été fupprimé par édit de Juillet 1779, regiftré le 17 du même mois, & réuni au compte du Tréforier payeur-général des dépenfes de la maifon du Roi & de la Reine. Par édit d'Octobre 1781, regiftré le 28 Novembre fuivant, le Roi déclare que l'Office de Tréforier de la maifon de la Reine n'étoit que fufpendu, & reprendroit fon exécution en cas de viduité de la Reine. Enfin, par édit de Mars 1782, regiftré le 31 Décembre fuivant, ce Tréforier a été rétabli en plein exercice.

Nᵒ. 4. Comptes de la maifon de Monfieur. 671
        De Madame. 672
Nᵒ. 5. Comptes de la maifon de Monfieur Comte d'Artois. 673
        De Madame Comteffe d'Artois. 674
Nᵒ. 6. Comptes de la maifon de Monfieur le Duc d'Orléans. 675
Nᵒ. 7. Anciennes comptabilités éteintes ou fupprimées dans les dépenfes de la perfonne du Roi, & de celles de la famille Royale. 676

N.ᵒ 7.¹. Compte de la Chambre aux deniers, supprimé par édit de Juillet 1779, regis-tré le 17 du même mois, portant réunion dudit compte à celui du Trésorier-géné-ral des dépenses de la maison du Roi.   677

N.ᵒ. 7.². Compte de l'Argenterie & menus plai-firs, supprimé par le même édit, & réu-nion à la même Trésorerie.   678

N.ᵒ. 7.³. Compte des Ecuries, supprimé par le même édit, & réuni à la même Trésorerie.   679

N.ᵒ. 7.⁴. Compte de la Venerie, supprimé par le même édit, réuni à la même Tréso-rerie.   680

N.ᵒ. 7.⁵. Compte du traitement des Officiers de la feue Reine.   681

N.ᵒ. 7.⁶.   De la maison de feue Madame la Dauphine.   682

N.ᵒ. 7.⁷.   Du traitement des Officiers de la feue Dauphine.   683

N.ᵒ. 7.⁸.   Des maisons des autres enfans de France.   684

N.ᵒ. 7.⁹.   Des maisons des Princes légi-timés.   685

§. II. Comptes des dépenses des domaines du Roi, & charges sur lesdits domaines ; voyez régie 571 , sept départemens.   686

§. III. Comptes de la guerre, tant sur mer que sur terre.   687

N.ᵒ. 1. Compte de l'ordinaire des guerres.   688

N.ᵒ. 2. Compte du Trésorier-général des dépenses de la guerre.   689

     Nota. Régie des poudres & salpêtres pour le compte du Roi.   690

N.ᵒ. 3. Compte du Trésorier-général des dépenses de la marine.   691

N.ᵒ. 4. Régie générale des étapes, convois mili-taires pour le compte du Roi.   692

Des

Des étapes de Lyon, qui renferment
celles particulieres de Lyon, Montbrison,
Roanne, Saint-Etienne, Villefranche.   693

N°. 5. Anciennes comptabilités de la guerre tant
sur mer que sur terre, éteintes ou supprimées.   694

N°. 5.¹. Compte de *l'artillerie* & du génie,
réuni à la Tréforerie-générale des dépenfes du département de la guerre.   695

N°. 5.². Compte des *camps & armées.*   696

N°. 5.³. Compte des *Colonies.*—En Juin 1771,
création de deux Offices de Tréforiers-
généraux de la marine & des colonies,
regiftré le 4 Mars 1772.— En Novembre
1778, édit de fuppreffion du compte des
colonies, réunion à la Tréforerie-générale de la marine & des colonies, regiftré
le 16 Novembre 1778; & depuis, faifant
partie du compte du Tréforier-général
des dépenfes de la marine. *Voyez 701.*   697

N°. 5.⁴. Compte des *fortifications de France* &
des mortes-paies, fupprimé par édit de
Juillet 1783, regiftré le 16 Septembre
fuivant, réuni aux dépenfes de la guerre.   698^1.

Nota. Les *fortifications de Paris* font
rendues avec le compte des octrois de ladite ville.

N°. 5.⁵. Compte des *galeres*, anciennement
réuni à la marine.   698².

N°. 5.⁶. Extraordinaire des *guerres*, de deçà,
& de delà, capitation & dixieme. Edit de
Novembre 1778, portant fuppreffion de
la Tréforerie de l'extraordinaire des guerres, & réunion à la Tréforerie des dépenfes du département de la guerre, regiftré
le 16 Novembre 1778.   699

N°. 5.⁷. Compte de la *marine*, — fupprimé par
édit de Novembre 1778, regiftré le 16

du même mois , & réunion à la Tréforerie
de la dépenfe de la marine & des colo-
nies.   700 &   701

N°. 5.⁸. Compte des appointemens des *Mouf-*
quetaires.   702

N°. 5.⁹.   Des *penfions* & gratifications
                    fur le 4ᵉ denier.   703

N°. 5.¹⁰.   Des *régimens* & garnifons.   704

N°. 5.¹¹.   Des appointemens des cent
                    Suiffes.   705

N°. 5.¹².   Des ligues *Suiffes* , réuni ⎫
                    au département des affai- ⎪
                    res étrangeres , par édit ⎬   706
                    d'Octobre 1779, regiftré ⎪
                    le 24 Novembre fuivant. ⎭

N°. 5.¹³.   Des *vivres* des armées. Ces
                    comptes n'ont lieu qu'en
                    temps de guerre, & font
                    partie de la Tréforerie-gé-
                    nérale des dépenfes du dé-
                    partement de la guerre.   707

N°. 6. Notices fur les Tréforiers de différens
       ordres Royaux, & maifons Royales d'édu-
       cation, ou d'hôpitaux militaires.   708

N°. 6.¹. Tréforerie de l'Ordre du Saint-Efprit. 709
N°. 6.².   De Saint-Louis.   710
N°. 6.³.   Du mérite mili-
                         taire.   711
N°. 6.⁴.   De Saint-Michel.   712
N°. 6.⁵.   De Saint-Lazare
                         du Mont-Car-
                         mel.   713
N°. 6.⁶.   De Malthe.   714
N°. 6.⁷.   De l'Ecole militaire.   715
N°. 6.⁸.   Des Invalides.   716
N°. 6.⁹.   Des Invalides de la marine.   717

§. IV. Comptes des ouvrages royaux & publics.   718

N°. 1. Comptes des bâtimens du Roi, capitation & dixieme. — Par édit de Juillet 1779, regiftré le 17 dudit mois, il a été fupprimé & réuni à la Tréforerie des dépenfes de la maifon du Roi & de la Reine. — Par édit de Décembre 1783, regiftré le 13 Mars 1784, il a été rétabli.   719

N°. 2. Compte des ponts & chauffées. — Par édit de Février 1779, regiftré le 9 Mars fuivant, la Tréforerie a été fupprimée ; & cet édit porte création d'un Tréforier-général des ponts & chauffées, turcies & levées, barrages & pavé de Paris.   720

N°. 3. Compte des bâtimens Sainte-Croix d'Orléans.   721

N°. 4. Comptes anciens fupprimés.   722

N°. 4.¹. Compte des turcies & levées. — Par édit de Février 1779, regiftré le 9 Mars, il a été réuni à la Tréforerie-générale des ponts & chauffées.   723

N°. 4.². Compte du barrage & pavé de Paris. — Réuni par le même édit aux ponts & chauffées. — Il l'avoit déjà été par édit de Mai 1772, regiftré le 11 Août fuivant.   724

§. V. Comptes des dépenfes pour la fûreté publique. Ces comptes ont été fupprimés & réunis, favoir :   725

N°. 1. Comptes des maréchauffées de France, & capitation.   726

Par édit de Novembre 1778, regiftré le 16 du même mois, cette Tréforerie a été réunie à celle des dépenfes du département de la guerre.

N°. 2. Compte des deniers de police. — Par édit d'Octobre 1779, regiftré le 24 Novembre fuivant, cette Tréforerie a été réunie à la

Tréforerie des dépenses diverses.   727

N°. 3. Comptes des boues & lanternes, — réunis à la Tréforerie des dépenses diverses.   728

N°. 4. Compte du guet de Paris, — réuni à la Tréforerie-générale des dépenses diverses.   729

N°. 5. Compte du guet de Lyon. (Il est encore dans les registres des distributions) ; mais il y a apparence qu'il sera dorénavant payé par le Receveur-général des finances de Lyon.   730

§. VI. Compte des dépenses diverses, — contient les dépenses de police, des gages des maîtres des postes, des dépenses des haras, du guet de Paris, de la maréchauffée de l'Isle-de-France, des mines & des carrieres, des encouragemens du commerce, des petites loteries, de Tréforeries & autres anciens comptes particuliers.   731

§. VII. Comptes des gages payés par des Tréforiers-particuliers.   732

N°. 1. Compte des gages du Parlement de Paris, & capitation.   733

N°. 2.   De la chambre des comptes & capitation.   734

De ses menues nécessités.   735

N°. 3.   De la cour des aides de Paris.   736

N°. 4.   De la Cour, ou boîtes des monnoies de Paris, & capitation.   737

N°. 5.   Des secrétaires du Roi, du grand sceau, & capitation deux parties.   738

N°. 6.   Des Officiers des monnoies.   739

N°. 7.   Des Officiers de la prévôté de l'hôtel,   740

N°. 8.

N°. 8. Compte des gages d'aucuns Officiers, dit charges-gabelles. 74I

N°. 9. Des charges fur les fer-mes. 742

N°. 10. Anciens comptes de gages payés par des Tréforiers - particuliers, éteints ou fuppri-més. 743

N°. 10.¹. Comptes des gages des cours des *Aides* de Guienne, de Clermont-ferrand, de Montauban. 744

N°. 10.². Comptes des gages des *Ambaffadeurs*. 745

N°. 10.³. Des *Bureaux* des finan-ces, ont été réunis aux recettes-généra-les des finances de leurs provinces. 746

Du *Bureau* des finances de Lille, *idem*. 747

N°. 10.⁴. Des *Chancelleries* près le Parle-ment de Paris, réunis à la re-cette-générale des finances, comme les autres chancelleries aux recettes-générales de leurs provinces, par édit de Mars 1772, regiftré le 13 Juillet 1773. 748

N°. 10.⁵. Près les Parlemens de Bordeaux, de Flandres, près le Confeil pro-vincial d'Artois, près la cour des Aides de Guyenne, près la cour des Aides de Clermont-ferrand près la cour des Aides de Mon-tauban, près la cour des Mon-noies de Lyon; lefdits comptes réunis à ceux des recettes-géné-rales des finances de leurs pro-vinces. 749

L

N°. 10.⁶. Comptes des gages du *Châtelet*, réunis
à la recette-générale de Paris.   750

N°. 10.⁷.   Des corps & *commu-nautés* des Villes réunis à la Tréso-rerie générale des dépenses diverses.   751

N°. 10.⁸.   Du grand *Conseil*, réuni à la recette-générale des finan-ces de Paris.   752

N°. 10.⁹.   Des Officiers des *Elec-tions*.   753

N°. 10.¹⁰.   Des *Maîtres* des re-quêtes.   754

N°. 10.¹¹.   Des *Maîtres* des pos-tes, haras, réunis à la Tréforerie des dépenses diverses, par lettres-paten-tes du 31 Octobre 1784.   754

N³. 10.¹².   Des Officiers de *milice* bourgeoise.   755

N°. 10.¹³.   De la cour des *Mon-noies* de Lyon, réunie à celle de Paris.   756

N³. 10.¹⁴.   Des Officiers de la ville de *Paris* payés par le domaine de ladite ville.   757

N°. 10.¹⁵.   Des Officiers des *Par-lemens* de provin-ces, réunis aux comptes des recet-tes-générales des-dites provinces.   758

N°. 10.¹⁶.   De Bordeaux.   759
N°. 10.¹⁷.   De Flandres.   760
N°. 10.¹⁸.   Des Officiers des *Préfidiaux.*   761
N°. 10.¹⁹.   Du *Préfidial* de Crepy, réuni à la recette-générale des finances de Soiffons.   762

§. VIII. Comptes des rentes conftituées par le Roi.   763
N°. 1.   Perpétuelles fur l'Hôtel-de-Ville, Aides & gabelles.   764
N°. 2.   Viageres, autres que tontines.   57o
N°. 3.   Sur l'Ordre du Saint-Efprit.   766
N°. 4.   Sur les Poftes.   767
N°. 5.   Comptes des anciennes comptabilités de rentes éteintes ou fupprimées.   768
N°. 5.¹.   Rentes fur la caiffe des *Amortiffemens,* payées par le Tréforier de ladite caiffe.   769
N°. 5.².   Sur la ferme du *contróle* des actes.   770
N°. 5.³.   Sur les *cuirs.*   771

Dettes du Canada   *Dettes de* la Guerre.   Seront payées par les payeurs des rentes de l'hôtel-de-ville.   Les mêmes que les rentes à 3 pour cent.   772 / 773

N°. 5.⁴.   Sur les deux fols pour livre du *dixieme.*   774
N°. 5..   Sur les *domaines* & bois, par le payeur des charges du domaine.   775
N°. 5.⁶.   D'emprunts faits fous le nom des *Etats* ou communautés Eccléfiaftiques ou Laïques.   776
N°. 5.⁷.   Sur les cinq groffes *fermes.*   777
N°. 5.⁸.   Sur les droits de bancs de *mariages.*   778

N°: 5.⁹. Rentes fur les fermes du *Tabac.* 779

N°. 5.¹⁰. Sur les *tailles* & recettes-géné-
rales des finances. 780

N°. 5.¹¹. Sur le tréfor royal à trois pour
cent. *Tontines.* 5 Juillet 1770.
Lettres – patentes regiſtrées le
23 Octobre fuivant, de con-
verfion des tontines en rentes
purement viageres à trois pour
cent, payées par les payeurs
des rentes de l'hôtel-de-ville,
en 1784. 781

§. IX. Comptes des paiemens d'effets royaux, autres
que rentes conſtituées. 782

La plûpart de ces effets royaux ont été
éteints, ou les rentes ont été aſſignées fur le
tréfor–royal, ou fur la caiſſe des amortiſſemens.

N°. 1. Compte de la caiſſe des amortiſſemens ;
(Alm. 1786 , p. 561), chargé de faire le
rembourfement des primes, & des billets de
l'emprunt de 36 millions, par arrêt du Confeil du 19 Octobre 1780. — Le rembourfement des capitaux, & le paiement des intérêts de l'emprunt de 100 millions, par édit
de Décembre 1782. — Le paiement des coupons d'intérêt de l'emprunt de fept millions
de rentes viageres, créées par édit de Janvier 1782. — Le rembourfement tant des
capitaux que des accroiſſemens, & le paiement des coupons d'intérêt de l'emprunt de
125 millions , fait par édit de Décembre
1784. — Le paiement des rentes viageres für
l'hôpital de Touloufe. — Le rembourfement
des capitaux, & le paiement des intérêts de
l'emprunt de 24 millions, fait par arrêt du
Confeil, du 5 Avril 1783. — Le rembour-

fement de l'emprunt de 24 millions, en exécution de l'arrêt du Confeil, du 4 Octobre
1783. — Le rembourfement des parties de
rentes, tant de 12 livres & au-deffous, que
de 12 à 20 livres, conformément aux arrêts
du Confeil, du 26 Décembre 1784, & 18
Août 1785. — Le paiement des arrérages
dûs jufqu'au premier Janvier 1785, des rentes fur ladite caiffe. — Des rentes fur les
tailles, fermes & gabelles, & domaine du Roi.   783

    Nota. Une premiere caiffe des amortiffe-
mens avoit été fupprimée par la déclaration
du 30 Juillet 1775, regiftrée le 12 Septembre fuivant.

N°. 2. Comptabilités d'effets royaux, autres que
rentes conftituées, éteintes ou fupprimées.   784

N°. 2.¹. Comptes des rentes de l'emprunt de 40
millions en *Alface*; lettres-patentes du 25
Septembre 1776, regiftrées le 9 Janvier
1778, pour les faire payer par le tréfor-royal.   785

N°. 2.².   Des intérêts de la caiffe des
           Amortiffemens, 1776 à
           1779, pour une fois feule-   786
           ment.

N°. 2.³.   Des *Annuités*.   787

N°. 2.⁴.   De la caiffe des *Arrérages*, réu-
           nion à la caiffe des amortif-
           femens.   788

N°. 2.⁵.   Des billets de *Banque*, appellée
           banque-générale.   789

N°. 2.⁶.   Des paiemens provenans des
           dettes du *Canada*.   790

N°. 2.⁷.   Des paiemens des billets à *Épo-
           que*, & de change, & au por-
           teur.   791

N°. 2.⁸.   Des refcriptions de la caiffe
           d'*Efcompte*; lettres-patentes

du 24 Décembre 1775, re-
giftrées le 7 Février 1776,
pour faire remettre au tréfor-
royal, les refcriptions de la
caiffe d'efcompte, dont le
paiement avoit été fufpendu,
& qui avoient été données
pour le montant des actions
de ladite caiffe d'efcompte
non acquittées, qui fe trou-
voient alors dans les mains
du public.   792

N°. 2.⁹. Comptes des billets de l'*Etat*, & billets
de monnoie.   793

N°. 2.¹⁰.   Des billets des *Fermes*.   794

N°. 2.¹¹.   Des actions des *Fermes*.   795

N°. 2.¹².   Des paiemens des dettes de
la *Guerre*. Voyez dettes du   796
Canada.

N°. 2.¹³.   Des *Lotteries* royales. Lettres-
patentes du 13 Août 1777,
regiftrées le 16 Septembre
fuivant, qui ordonnent qu'il
fera compté par le tréfor-
royal, des rentes provenant
des billets de Lotterie.   797

N°. 2.¹⁴.   Des indemnités des petites
Lotteries. — Octobre 1775,
édit regiftré le 24 Novembre 1779, portant fuppreffion du tréforier des petites
Lotteries, & réunion à la
tréforerie des dépenfes diverfes.   798

N°. 2.¹⁵.   Des billets & refcriptions des
Receveurs-généraux. — Lettres-patentes du 24 Décem-

bre 1775 , regiſtrées le 7 Février 1776 , pour faire rembourſer les reſcriptions. 799

§. X. Comptes des rembourſemens de capitaux des rentes, par la caiſſe des amortiſſemens. 800

§. XI. Notices ſur les compagnies de commerce. 801

N°. 1. Sur la compagnie de commerce de Lorraine. 802

N°. 2. Des aſſurances. 803

N°. 3. Des Indes. 804

N°. 4. Sur la banque du ſieur Law , devenue depuis banque royale du commerce. 805

N°. 5. Sur les deniers deſtinés au commerce de la ville de Dunkerque. 806

N°. 6. Sur les manufactures. 807

§. XII. Comptes des prêts faits par le Roi, ſur les biens-fonds. 808

Art. III. Recettes & dépenſes faites par le tréſor-royal, ou mer des finances, anciennement l'épargne. 809

N°. 1. Comptes du tréſor-royal. 810

N°. 2. Des rembourſemens par le tréſor-royal. 811

N°. 3. Des penſions ſur le tréſor-royal. 812

N°. 4. Notices ſur les droits de contrôle des quittances de finance du tréſor-royal. 813

Art. IV. Comptes des deniers publics. 814

N°. 1. Comptes des octrois & deniers communs des villes. — Edit de Novembre 1771 , de création d'Offices de Receveurs-patrimoniaux & d'octrois, dans les villes où il y a corps municipal , regiſtré le 22 Février 1772. 815

Notices ſur les Offices municipaux. 816

Sur les deniers patrimoniaux. 817

Sur les dons gratuits des villes. 818

N°. 2. Comptes des ſecours accordés aux communautés. 819

N°. 3. Comptes des octrois accordés aux hôpitaux. 820
  Notices sur les hôpitaux & prisons. 821
Art. V. Comptes du clergé. 822
 §. I. Comptes des rentes sur le clergé. 823
 §. II. Anciens comptes du clergé, supprimés ou éteints. 824
  N°. 1. Comptes des œconomats. 825
  N°. 2. Des décimes sur le clergé. 826
Art. VI. Comptes particuliers. 827
  N°. 1. Comptes de la chefcerie de la Sainte-Chapelle. 828
  N°. 2. Du Collége de Navarre. 829
Art. VII. Comptes des profits & dépenses de la Chambre. 830
  N°. 1. Comptes des revenus de la Chambre. 831
  N°. 2. Des épices. ⎫ 832
  N°. 3. Des récom-⎬ Epices, récompen-
     penses. ⎪ fes, mortes-paies, ne 833
  N°. 4. Des mortes-⎪ font plus qu'un seul
     paies. ⎭ compte. 834
  N°. 5. Du tiers des amendes. 835
  N°. 6. Des bourses communes, droits d'entrée, & autres droits du Greffe. 836
  N°. 7. Des frais de bureau, pour rétablissement des titres, depuis l'incendie de 1737. 837

CHAPITRE IV.

Des jugemens, appuremens, corrections, & revisions des comptes en la Chambre.

    838
Art. I. Des jugemens des comptes. 839
 §. I. Discipline à l'égard desdits jugemens. 840
  N°. 1. Examens des comptes. 841
  N°. 2. Rapports. 842
  N°. 3. Jugemens. 843
 §. II. Réglemens sur les vices des comptes. 844
         N°. 1.

N°. 1. Vices dans la préſentation ; s'être immiſcé
 fans titres ; bordereaux mal faits.   845
N°. 2. Vices de recettes.   846
 N°. 2.¹. Omiſſion de recette.   847
 N°. 2.². Recettes non autoriſées.   848
 N°. 2.³. Double recette.   849
 N°. 2.⁴. Recette étrangère à la comptabilité
  dans laquelle elle auroit été introduite.   850
 N°. 2.⁵. Recette non juſtifiée.   851
N°. 3. Vices de dépenſes.   852
 N°. 3.¹. Doubles emplois.   853
 N°. 3.². Parties non payées.   854
 N°. 3.³. Parties mal payées.   855
 N°. 3.⁴. Quittances non revêtues de formalités.   856
 N°. 3.⁵. Trop dépenſé.   857
 N°. 3.⁶. Retentions.   858
 N°. 3.⁷. Repriſes mal faites.   859
§. III. Jugemens contre les vices des comptes.   860
 N°. 1. Injonctions.   861
 N°. 2. Indéciſions.   862
 N°. 3. Recettes forcées.   863
 N°. 4. Souffrances, anciennement ſuperceſſions.   864
 N°. 5. Radiations.   865
 N°. 6. Amendes.   866
 N°. 7. Intérêts.   867
 N°. 8. Peines du quadruple, double, & ſimple.   868
 N°. 9. Renvoi à la correction.   869
§. IV. Gages & taxations des comptables.   870
§. V. Façons & vacations des Procureurs.   871
§. VI. Epices & bourſes de jettons.   872
§. VII. Exécutions des arrêts ſur les comptes, aſſiet-
 tes des états finaux & remiſes au parquet.   873
§. VIII. Doubles des comptes.   874
§. IX. Dépôt du Garde des livres.   875
 N°. 1. Dépôt des comptes & acquits, extraits de
  ce dépôt ; mentions ſur les comptes.   876
 N°. 2. Tranſport & remiſe des comptes.   877

Art. II. Appurement des comptes.   878
§. I. Débets des restes des comptes après leur clô-
    ture.   879
N°. 1. Fonctions du Contrôleur-général des restes
    à l'égard de ces débets.   880
N°. 2. Comptes des poursuites faites par le Con-
    trôleur-général des rentes.   881
    Notices sur les fonctions de celui qui, an-
    ciennement étoit nommé Solliciteur-géné-
    ral des restes.   882
§. II. Requêtes de rétablissement & délais d'appurer.   883
§. III. Hypotheque du Roi, sur les offices & autres
    biens des comptables.   884
§. IV. Scellés sur les effets des comptables. — Inven-
    taires & ventes de meubles. — Comptes de
    clerc à maître par leur commis en leur absen-
    ce. — Inventaires des effets des commis. —
    Gardiens des scellés. — Consignations.   885
Art. III. De la correction des comptes.   886
§. I. Fonctions des Conseillers-correcteurs, ou avis
    de correction & députations aux jugemens.   887
§. II. Vices sujets à correction & maximes de cor-
    rection.   888
§. III. Jugemens de corrections, leur exécution sur
    les comptes & épices sur iceux.   889
§. IV. Debets & restes des comptes après la correc-
    tion, ou *quittus*.   890
§. V. Dépôt des contrôles en chambre de la correc-
    tion.   891
Art. IV. De la révision des comptes en la Chambre du
    Conseil lez la Chambre des comptes.   892
    Notices sur cette Chambre.   893

CHAPITRE V.

Jugement des comptables.

    894
Art. I. Autorité de la Chambre en matieres criminelles,
    telles que faussetés d'acquits dans les comp-

tes, Péculat, & autres divertiſſemens des
deniers. — Inſtruction criminelle.   895

Art. II. Commiſſions qui font données à pluſieurs des
membres de la Chambre, pour aſſiſter ès
Chambres de juſtice. Procédures & jugemens
d'icelles. *Voyez 224.*   896

Art. III. Amniſties accordées aux comptables, & révocation des Chambres de Juſtice.   897

*De l'Ordonnance de Noſſeigneurs de la Chambre des
Comptes, du deux Janvier mil ſept cent quatre-vingt-ſept.*

MARSOLAN.